(Analiza książki

Co dzień zawdzięcza nocy

Yasmina Khadra

ANALIZA KSIĄŻKI

Napisany przez Ludivine Auneau
Przetłumaczony przez Kâmil Kowalski

Co dzień zawdzięcza nocy

● ● ● ● ● ● ● ● ● ● ● ● ● ● ● ● ● ● ● ●

Yasmina Khadra

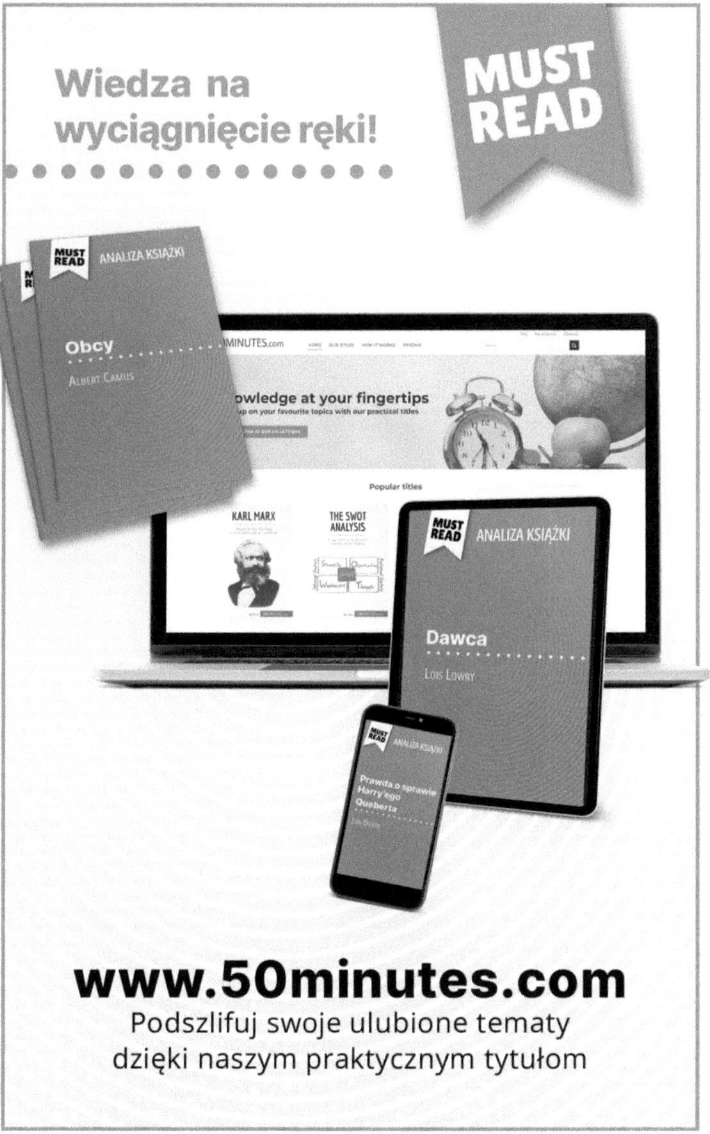
Wiedza na
wyciągnięcie ręki!
MUST READ
MUST READ
ANALIZA KSIĄŻKI
Obcy
Albert Camus
Popular titles
KARL MARX
THE SWOT ANALYSIS
MUST READ
ANALIZA KSIĄŻKI
Dawca
Lois Lowry
ANALIZA KSIĄŻKI
Prawda o sprawie Harry'ego Queberta
www.50minutes.com
Podszlifuj swoje ulubione tematy
dzięki naszym praktycznym tytułom

YASMINA KHADRA 5

Algierski żołnierz i pisarz 5

CO DZIEŃ ZAWDZIĘCZA NOCY 6

Miłość na całe życie w kolonialnej Algierii 6

PODSUMOWANIE 7

STUDIUM POSTACI 12

Issa 12
Narrator, Younes/Jonas 12
Mahi 14
Germaine 14
Émilie 15
Jean-Christophe Lamy 16
Fabrice Scamaroni 16
Simon Benyamin 16
André Sosa 17
Jelloul 18

ANALIZA 19

Powieść o dojrzewaniu 19
Postać poszukująca tożsamości 20
Algieria kolonialna i dążenie do niepodległości 22
Miłość, której nie miało być 23

DALSZA REFLEKSJA 26

Kilka pytań do przemyślenia... 26

DALSZE CZYTANIE 27

Wydanie referencyjne 27
Badania referencyjne 27
Adaptacje 27

YASMINA KHADRA

ALGIERSKI ŻOŁNIERZ I PISARZ

- **Urodził się na algierskiej Saharze w 1955 roku.**

- **Godne uwagi prace:**

  - *Jaskółki z Kabulu* (2002), powieść

  - *Atak* (2005), powieść

  - *Syreny z Bagdadu* (2006), powieść

Yasmina Khadra to pseudonim Mohammeda Moulessehoul. Jego ojciec był pielęgniarzem, a matka nomadką, a on sam urodził się na algierskiej Saharze w 1955 roku. Służył jako oficer w armii algierskiej przez 36 lat i opublikował sześć powieści pod swoim prawdziwym nazwiskiem, zanim przyjął różne pseudonimy, aby uniknąć cenzury wojskowej. Wybrał imię Yasmina Khadra w hołdzie dla swojej żony, ponieważ są to jej dwa imiona. Wybór żeńskiego pseudonimu był dla niego również sposobem na zajęcie stanowiska w debacie na temat emancypacji muzułmańskich kobiet.

Pisze po francusku, ale jego utwory zostały przetłumaczone na wiele innych języków, a kilka z nich zaadaptowano na potrzeby ekranu.

CO DZIEŃ ZAWDZIĘCZA NOCY

MIŁOŚĆ NA CAŁE ŻYCIE W KOLONIALNEJ ALGIERII

- **Gatunek:** powieść

- **Wydanie referencyjne:** Khadra, Y. (2011) *What the Day Owes the Night*. Trans. Wynne, F. London: Vintage.

- **Pierwsze wydanie:** 2008 r.

- **Tematy:** miłość, przyjaźń, wojna, kryzys tożsamości

Książka *Co dzień zawdzięcza nocy* została po raz pierwszy wydana po francusku w 2008 roku. Jest to kronika życia Younesa, młodego algierskiego chłopca, którego ojciec traci pola w wyniku podpalenia. Zostaje adoptowany przez wuja, chemika, który wprowadza go do społeczności pied-noir (osób o europejskim pochodzeniu, które wyemigrowały do Algierii Francuskiej) w mieście Oran. Zawiązują się silne przyjaźnie, które jednak zostają wystawione na próbę wraz z przybyciem pięknej Émilie. Kiedy wybucha wojna o niepodległość Algierii, każdy musi wybrać stronę, jednocześnie odnajdując się w życiu.

Powieść zdobyła kilka nagród literackich, w tym Prix Romans France Télévisions w 2008 roku i Prix des Lecteurs de Corse w 2009 roku, a także została uznana za najlepszą powieść 2008 roku przez magazyn literacki *Lire*.

PODSUMOWANIE

W Algierii lat 30-tych XX wieku, zbiory wreszcie zapowiadają się obficie dla Issy i jego rodziny. Jednak trzy dni przed rozpoczęciem żniw, podpalenie dziesiątkuje jego pola, niszcząc ostatnie nadzieje. Issa nie ma wyboru, musi porzucić swoje ziemie i wrócić do Oranu (nadmorskie miasto w północno-zachodniej Algierii), gdzie mieszka jego brat Mahi, chemik. Losy braci potoczyły się rozbieżnie i nie widzieli się od lat. Mahi kształcił się od najmłodszych lat, co dało mu szansę na udaną karierę i spokojne życie w ekskluzywnej miejskiej dzielnicy, podczas gdy Issa odziedziczył jedynie kilka hektarów ziemi uprawnej. Choć Issa ma wrażenie, że brat go porzucił i żywi do niego pewną urazę, postanawia przyjechać, by powiedzieć mu, że stracił ziemie przodków. Jest jednak zbyt dumny, by przyjąć od niego jałmużnę, więc zamieszkuje w Jenane Jato, miejskim slumsie. Zdając sobie sprawę, jak niestabilna jest jego sytuacja, wraca do brata, by poprosić go o pożyczkę. Mahi jest skłonny dać mu tyle pieniędzy, ile potrzebuje, a nawet sugeruje, że mógłby przygarnąć swego siostrzeńca, Younesa, aby dać mu wykształcenie i zapewnić świetlaną przyszłość. Jednak jego oferta jest tak nietaktownie przedstawiona, że Issa myśli, że Mahi nazywa go złym ojcem, wpada w furię i stawia kres ich transakcji.

Wkrótce potem Issie udaje się zebrać wystarczająco dużo pieniędzy, aby rozpocząć przedsięwzięcie biznesowe, ale El Moro, postrach lokalnych ulic, dowiaduje się o jego zamiarach i okrada go z pieniędzy. Kilka dni później, Issa dokonuje swej zemsty, a El Moro zostaje znaleziony zamordowany. Issa ponownie rozważa ofertę brata i powierza mu swojego syna.

Mahi i jego żona Germaine natychmiast adoptują swojego siostrzeńca i postanawiają nadać mu imię "Jonas". Nadając mu nowe imię, chcą pomóc mu zapomnieć o dawnym sposobie życia i starają się traktować go jak własnego syna. Mimo wdzięczności, zmiana ta jest szokiem dla młodego chłopca, ponieważ nie jest on przyzwyczajony do otrzymywania tak dużej uwagi, do radzenia sobie z barierą językową i do nowej kultury, w której jest zanurzony. Mahi spędza kilka miesięcy ucząc go dobrych manier i języka francuskiego.

Mijają dwa lata i Jonas zapisuje się do miejscowej szkoły. Pewnego dnia, wracając z zajęć, widzi pijanego mężczyznę wyrzucanego z baru. Natychmiast rozpoznaje swojego ojca, ale Issa ucieka ze wstydu. Trzy tygodnie później Mahi dowiaduje się, że Issa zniknął.

W Europie wybucha wojna, co niepokoi pieds-noirów. Mahi zostaje aresztowany i uwięziony na tydzień za organizowanie w swoim domu spotkań Algierskiej Partii Nacjonalistycznej. Nigdy więcej nie chce być poddany temu tygodniowemu uwięzieniu, a jego strach sprawia, że opuszcza Oran i przenosi się z żoną i siostrzeńcem do Rio Salado (dawna nazwa El Malah w północno-zachodniej Algierii).

W Rio Salado Jonas poznaje Isabelle Rucillio i dzieli z nią swój pierwszy pocałunek. Jednak gdy poznaje ona jego prawdziwą tożsamość, odmawia ponownego spotkania: "Na pewno nie sądzisz, że mogłabym poślubić Araba? Wolałabym umrzeć!" (p. 118). Poznaje tam również Émilie, dziewięcioletnią dziewczynkę, która w każdą środę przychodzi do apteki na leczenie. Jonas jest nią zauroczony, ale pewnego dnia nagle znika.

Wtedy też Jonas poznaje swoich najlepszych przyjaciół: Jean-Christophe'a, Fabrice'a, Simona i André'a. Pewnego lata, gdy ma 17 lat, Jonas wpada w oko starszej kobiecie, Madame Cazenave. Pociąga ją urok młodzieńca i zwabia go do swojego domu, gdzie po raz pierwszy daje mu posmakować rozkoszy cielesnych. Jonas jest zachwycony tym nowym doświadczeniem i całkowicie się w niej zakochuje, ale ona każe mu zapomnieć, że to się kiedykolwiek wydarzyło, uznając to za nic więcej niż młodzieńczy romans.

Podczas gdy Europa świętuje koniec wojny, dla Algierii koszmar dopiero się zaczyna. Kraj domaga się niepodległości, ale potem wpada w chaos: podpalenia i walki stają się powszechne, a ludność cywilna nie jest oszczędzana. Mahi, który już wcześniej był psychicznie chwiejny, odkrywa, że jego rozsądek coraz bardziej się wymyka spod kontroli.

André postanawia otworzyć jadłodajnię. W dniu otwarcia, wszystkie oczy przyciąga piękna młoda kobieta: Émilie, która jest córką nikogo innego jak Madame Cazenave. Fabrice i Simon natychmiast się w niej zakochują.

Émilie i Fabrice rozpoczynają związek, ale Émilie uświadamia sobie, że Jonas, którego teraz zna, to ten sam chłopak, którego poznała w aptece dziesięć lat wcześniej. Od tej pory nieustannie stara się, by on ją zauważył. Matka dostrzega jej zainteresowanie Jonasem i każe mu obiecać, że będzie się trzymał od niej z daleka. Jest jednak za późno, bo on już beznadziejnie zakochał się w Émilie. Niemniej jednak, z szacunku dla Fabrice'a i aby dotrzymać obietnicy danej Madame Cazenave, zaczyna jej unikać, aby mieć ją z głowy. Jean-Christophe również zakochuje się w niej, i postanawia zadeklarować swoje uczucia, prosząc ją o rękę. Kiedy próbuje zdobyć się na odwagę, by wyznać swe uczucia, słyszy, jak Émilie rozmawia z Jonasem i deklaruje swoją miłość do niego. Załamany, znika na kilka tygodni bez słowa.

Émilie przez kilka miesięcy próbuje przekonać do siebie Jonasa, ale ten nigdy się nie poddaje. Pozostaje niewzruszony nawet wtedy, gdy ona błaga go, by wyznał jej miłość, aby powstrzymać małżeństwo, które jej matka zaaranżowała dla niej z Simonem, i w ten sposób ślub przebiega zgodnie z planem. Kilka miesięcy później Émilie rodzi dziecko.

Mahi umiera w 1954 roku, pięć miesięcy przed wybuchem wojny o niepodległość. Mieszkańcy Rio Salado nie są specjalnie zaniepokojeni: konflikt nie dotarł jeszcze do ich miasteczka, a oni sami są świadkami wojny jako zwykli widzowie. Wkrótce jednak napięcie zaczyna się rozprzestrzeniać, a spokój miasta zostaje zburzony. Tu i ówdzie wybuchają pożary, a gdy odkryte zostają okaleczone zwłoki, społeczność jest wstrząśnięta do głębi. Podejrzenia natychmiast padają na Jelloula, arabskiego służącego Andrégo, a Jonas w końcu ośmiela się stanąć po stronie własnego narodu, broniąc go.

W 1957 roku Jean-Christophe wraca do miasta i żeni się z Isabelle Rucillio, niezłomnie odmawiając widzenia się z Jonasem przez cały ten czas.

W tym samym roku tragedia dotyka Émilie i jej syna, kiedy Simon zostaje zabity przez fellagów (rebeliantów), a ich dom zostaje spalony. Kiedy Jonas dowiaduje się, że wyjechała do Oranu, wyrusza na jej poszukiwanie, by spróbować ją odzyskać. Jednak Émilie odmawia mu, mówiąc, że miał swoją szansę lata temu, a teraz jest już za późno.

Kiedy Jonas wraca do Rio Salado, on i jego ciotka są zakładnikami w ich własnym domu, przetrzymywani przez Jelloula i jego towarzyszy, którzy dołączyli do ruchu oporu. Rebelianci grożą, że zabiją ich, jeśli nie opatrzą rany postrzałowej ich przywódcy. Ich uwięzienie trwa dziesięć długich dni, aż porywacze decydują się odejść. Jednak jeden z nich wraca regularnie, pod rozkazami swojego kapitana, w celu zdobycia środków medycznych. Pewnego dnia zostaje schwytany przez członka milicji, który natychmiast porywa Jonasa, gdyż jest on właścicielem jedynej apteki w mieście. Jonas jest torturowany przez kilka dni, dopóki ojciec Isabelle nie interweniuje i nie kładzie kresu jego koszmarowi na jawie.

Po wielu latach, mając już 58 lat, Jonas odkrywa, że Émilie mieszka we Francji i leci do niej. Ona odrzuca go na dobre, a on nigdy więcej jej nie widzi.

Dziesiątki lat później wszyscy zbierają się we Francji po raz ostatni na pogrzebie Émilie. Śmieją się, płaczą, wspominają dobre czasy i wyrzucają z siebie kilka starych urazów. Jonas żegna się z miłością, która nigdy nie miała szansy rozkwitnąć i rozsypuje na jej grobie pył z róży, którą ofiarował jej 70 lat wcześniej.

STUDIUM POSTACI

ISSA

Żonaty ojciec dwójki dzieci, Issa jest prześladowany przez niepowodzenia i nieszczęścia: na przykład jego obiecujące zbiory zostają spalone przez podpalaczy, co zmusza go do przeniesienia się z powrotem do Oranu, gdzie jego brat żyje w komforcie. Kiedy brat oferuje mu zapewnienie świetlanej przyszłości dla bratanka, jego reakcja jest nieproporcjonalnie wroga i podsycana przez dumę. W rzeczywistości, jego nadmierna duma jest jego cechą charakterystyczną i ostatecznie prowadzi do jego upadku. Pomimo jego milczącej natury, jego miłość do syna jest niezaprzeczalna i to właśnie ona prowadzi go do powierzenia syna w końcu swojemu bratu. Po odejściu Younesa szuka ukojenia w alkoholu, aż do dnia, w którym zdarza mu się skrzyżować ścieżki z synem, będąc pijanym i wyrzuconym na ulicę jak zwykły nędzarz. Issa uświadamia sobie, że sięgnął dna, i przepełnia go taki wstyd, że znika, porzucając żonę i córkę.

NARRATOR, YOUNES/JONAS

Już od pierwszych stron książki widać, że narrator jest centralnym bohaterem opowieści, szybko też zostaje zidentyfikowany jako syn Issy. Jego imię zostaje jednak ujawnione dopiero znacznie później – dowiadujemy się, że ma na imię Younes dopiero wtedy, gdy jego wujek Mahi i ciotka Germaine adoptują go i zmieniają mu imię na Jonas.

Imię "Younes" wiąże się z jego rodzimym narodem, natomiast "Jonas" ze społecznością, do której został adoptowany. W zależności od tego, z kim wchodzi w interakcję, nie zawsze używa tego samego imienia. Na przykład, gdy spotyka dziewięcioletnią Émilie, przedstawia się jako Younes, niewątpliwie z pragnienia autentyczności. Ona jednak później nazywa go już tylko Jonasem. Jelloul również nazywa go czasem Younesem jako rodzaj wyzwania, używając jego imienia, aby spróbować przypomnieć mu o jego pochodzeniu: "To prawda, Younes. Odwróć się od prawdy, od swoich ludzi, uciekaj z powrotem do swoich przyjaciół. Younes. Czy pamiętasz jeszcze swoje imię?" (p. 178). Do samego końca powieści jego tożsamość nigdy nie jest tak naprawdę jednoznaczna: waha się między jednym a drugim imieniem, spędzając wiele lat na poszukiwaniu siebie.

W dniu, w którym przygarnia go wujek, doznaje ogromnego szoku kulturowego: z niepewności Jenane Jato przechodzi do komfortu społeczności pied-noir. Chociaż docenia swoje nowe życie, rasizm, na który jest narażony, bywa złośliwy. Dzień, w którym poznaje swoich przyjaciół: Jean-Christophe'a, Fabrice'a, Simona i André'a, jest dniem, w którym jego integracja ze społecznością jest ostatecznie zakończona. Jednak nawet niektórzy z nich, jak André, zapominają czasem o pochodzeniu Younesa i pozwalają sobie na krzywdzące uwagi: "Arabowie są jak psy, trzeba ich bić, żeby się zachowywali" (s. 135). Kiedy na scenie pojawia się Émilie, jego ogromna lojalność każe mu milczeć o swojej miłości do niej, zamiast ryzykować utratę jednego z przyjaciół. Jednak kocha ją do końca życia.

MAHI

Mahi jest starszym bratem Issy. Kiedy w dzieciństwie zostali rozdzieleni, Mahi otrzymał szansę zdobycia wykształcenia i zostania chemikiem w mieście Oran. Jest żonaty z Germaine, którą poznał na uniwersytecie, i cieszy się dużym szacunkiem w społeczności pied-noir. Younes nigdy nie słyszał o swoim wuju, dopóki jego rodzina nie została zmuszona do przeprowadzki do Oranu. Kiedy Mahi widzi, jak niestabilna jest sytuacja Issy, chce zaoferować bratankowi te same możliwości, które on sam otrzymał w młodości. Hojnie przygarnia Younesa do swojego domu, adoptując go jak własnego syna i zapewniając mu najlepszą możliwą edukację. Jest bardzo kulturalny i zaangażowany politycznie: organizuje tajne spotkania z Algierską Partią Nacjonalistyczną, po których zawsze można go znaleźć "notującego w dużym zeszycie" (s. 98).

Zostaje trwale zmieniony przez swoje uwięzienie. Chociaż nigdy nie dowiadujemy się, co przeszedł podczas tygodnia spędzonego w więzieniu, wydaje się, że chciano go wykorzystać jako szpiega. W miarę upływu lat – i stron – Mahi trzyma się coraz słabiej. Ten epizod zbiera takie żniwo, że kończy on jako nie więcej niż cień dawnego siebie. Umiera pięć miesięcy przed wybuchem wojny o niepodległość Algierii.

GERMAINE

Germaine jest wyrafinowaną, kulturalną kobietą po czterdziestce i ma francuskie pochodzenie. Jest żoną Mahi, co czyni ją ciotką, a później przybraną matką Younesa, któremu nadaje imię Jonas. Jonas uważa ją za wytrwałą osobę:

"Germaine robiła wszystko, co mogła, by uczynić moje życie szczęśliwym" (s. 69). Jest ona skałą Mahi przez całe jego życie, ale daje też Jonasowi wsparcie, gdy ten go potrzebuje. Za każdym razem, gdy Jonas wpada w kłopoty, ona zawsze wydaje się być życzliwą obecnością w tle, gotową do udzielenia pomocy.

ÉMILIE

Kiedy Émilie po raz pierwszy pojawia się w powieści, ma zaledwie dziewięć lat. Co tydzień chodzi do apteki, by poddać się leczeniu u Germaine. Jonas jest natychmiast urzeczony młodą dziewczyną: "[on] mógłby ją pomylić z aniołem" (s. 114). Jest ona córką Madame Cazenave i jest zapierająco piękna – żaden z chłopców nie jest odporny na jej wdzięki. To wokół niej koncentruje się cały romantyczny dramat i mimo miłości do Jonasa, który odrzuca wszystkie jej zaloty, wychodzi za mąż za Simona i ma z nim syna.

Owdowiała w czasie wojny Émilie opuszcza Rio Salado, by rozpocząć nowe życie. Jonas, który nie może już dłużej powstrzymać swojej miłości do niej, szuka jej kilka razy w nadziei, że ją odzyska, ale wszystkie jego wysiłki idą na marne. Ona z goryczą mówi mu: "Nigdy nie pozwoliłeś mi oczekiwać czegokolwiek od ciebie. Zabrałeś moją miłość do ciebie i zdusiłeś ją, zanim zdążyła unieść się w powietrze – tak po prostu. Moja miłość do ciebie była martwa, zanim uderzyła o ziemię" (s. 309).

Umiera w Aix-en-Provence. Jej pogrzeb gromadzi wszystkich głównych bohaterów książki, których stare rany z czasów wojny o niepodległość, kilkadziesiąt lat wcześniej, wreszcie mogą się zabliźnić.

JEAN-CHRISTOPHE LAMY

Jean-Christophe pochodzi z rodziny z klasy średniej, a jego rodzice oboje pracują jako konsjerże. Jest najlepszym przyjacielem Jonasa, a obaj stają się nierozłączni podczas swoich nastoletnich lat. Podkochuje się w Isabelle Rucillio, z którą spotyka się przez lata, aż w końcu zakochuje się w Émilie. Stara się zdobyć jej serce, ale kiedy słyszy, jak wyznaje miłość Jonasowi, czuje się zraniony i zdradzony. W niestabilnym emocjonalnie stanie postanawia wyjechać do wojska, nie mówiąc nikomu. Po latach, gdy w końcu wraca, żeni się z Isabelle i stroni od Jonasa. Pogodzą się dopiero pod sam koniec powieści, co ostatecznie uspokaja sumienie Jonasa.

FABRICE SCAMARONI

Fabrice jest w tym samym wieku co Jonas i żywi wielką miłość do słów: jego wiersze są dumą Rio Salado. Jest przystojny, hojny i marzycielski, jako pierwszy zakochuje się w pięknej Émilie, ale jego szczęście z nią jest krótkotrwałe. Przez całe życie pozostaje blisko Jonasa, Jean-Christophe'a, Simona i André'a. Żeni się z kobietą o imieniu Hélène i ma z nią dwoje dzieci.

SIMON BENYAMIN

Simon to pyzaty żydowski chłopiec, "który uwielbiał sztuczki i praktyczne żarty" (s. 132). Ta ujmująca postać jest żartownisiem grupy. Z powodu swojego wyglądu ma bardzo mało pewności siebie: "Tylko spójrz na mnie: Mam brzydką kufę, garnuszkowy brzuch, parę ułomnych nóg – mam nawet płaskostopie" (s. 199). Choć od pierwszego wejrzenia zakochuje się w Émilie, nawet nie próbuje się do niej przymilać, wycofuje się ze względu na Fabrice'a. Jego pewność siebie wzrasta, gdy zaczyna zadawać się z Madame Cazenave, a jego interes zaczyna kwitnąć. Jest szczęśliwy, gdy poślubia Émilie i zakłada z nią rodzinę, ale niestety czeka go tragiczny koniec, gdy zostaje zamordowany przez fellagów.

ANDRÉ SOSA

André jest dumnym synem Jaime Jiméneza Sosy, jednego z najważniejszych właścicieli winnic w kraju. Podobnie jak jego ojciec, "bywał łobuzem, potrafił być brutalny wobec najemnej pomocy, ale był życzliwy dla swoich przyjaciół" (s. 133). Jonas ignoruje skrajnie rasistowskie komentarze swojego przyjaciela, ponieważ André jest wobec niego rozważny, tak jak wobec wszystkich swoich przyjaciół. Nie ogranicza on jednak swojej gwałtowności do słów: jest również agresywny fizycznie, zwłaszcza wobec swojego służącego Jelloula, którego regularnie terroryzuje.

Kiedy przybywają Amerykanie, André staje się zafascynowany ich krajem i kulturą. Wybiera się tam nawet na wycieczkę i wraca zdecydowany otworzyć knajpę w amerykańskim stylu, ze stołem bilardowym, muzyką jazzową w tle i plakatami hollywoodzkich gwiazd na ścianach. Kiedy w lokalu zostaje popełnione morderstwo, nie waha się nawet przed oskarżeniem i pobiciem Jelloula.

Mimo "okrutnych, zdawkowych uwag, jakie wygłaszał na temat Arabów" (s. 113), przez całe życie zachowuje wielką sympatię do Jonasa i jest pełen wzruszenia, gdy łączą się ponownie w Aix-en-Provence.

JELLOUL

Jelloul to postać, która początkowo żyje w cieniu André. Jako jego służący znosi temperament André bez najmniejszej skargi, ponieważ jako jedyny żywiciel licznej rodziny bardzo potrzebuje swojej pracy. Jonas często mu pomaga, pożyczając pieniądze i zabierając go do własnego domu, gdy jest ranny. Choć Jonas przemawia w jego obronie, gdy zostaje oskarżony o zamordowanie kuzyna André'a, Jelloul zostaje uznany za winnego. W końcu udaje mu się uciec i wrócić do własnej dzielnicy, stając się symbolem buntu dla własnego narodu. Po tym wydarzeniu uwalnia się bardziej agresywna strona jego osobowości, a swój gniew przekuwa na walkę w wojnie o niepodległość, łącząc się z Sy Rachidem, jedną z najbardziej prominentnych postaci ruchu oporu.

Pokazuje Jonasowi, jak wygląda świat dla jego ludu: "Tak żyją nasi ludzie, Jonasie; moi ludzie i twoi też. Tutaj nic się nie zmienia, podczas gdy ty żyjesz dalej jak książę" (s. 177). To, że Jonas odwrócił się od swoich ludzi, by zintegrować się ze społecznością pied-noir, uważa za zniewagę. Tę samą pogardę i litość jak zawsze okazuje, gdy ponownie odwiedza Jonasa, tym razem w towarzystwie jego kolegów i zastrzelonego przywódcy. Tym razem jednak jego nowy status i możliwość decydowania o życiu lub śmierci Jonasa sprawiają, że czuje się wobec niego lepszy.

ANALIZA

POWIEŚĆ O DOJRZEWANIU

Gatunek powieści o dojrzewaniu, czyli *Bildungsroman,* pojawił się w Niemczech pod koniec XVIII wieku. Ten gatunek literacki na ogół kronikuje życie i ewolucję głównego bohatera do momentu, gdy dorasta, uczy się, co naprawdę znaczy życie, i staje się dorosły. W tym celu bohater musi zmierzyć się z różnymi przeszkodami, takimi jak:

- Śmierć, wojna, miłość itp.

- Rytuały przejścia, które często wymyślane są przez przewodnika – na przykład Gandalfa we *Władcy Pierścieni* J.R.R. Tolkiena. Jednak bohater może również pełnić rolę własnego przewodnika.

W prawdziwej powieści o dorastaniu bohater zawsze dorasta i uczy się cennych lekcji życiowych do końca historii.

Tak jest w przypadku Younesa w *Co dzień zawdzięcza nocy,* gdyż czytelnik śledzi jego historię od niemowlęctwa do końca życia. Początkowo jest on postacią niewinną, która nie wie nic o zasadach tego świata. Świadectwo nieszczęścia swojego narodu stopniowo zahartowuje Younesa, który jest narażony na kolejne trudy: najpierw widzi, jak jego rodzina traci wszystko w wyniku podpalenia, potem odkrywa nędzę i przemoc, które czają się na ulicach Jenane Jato. Później, kiedy przenosi się do dzielnic europejskich, jest narażony na rasizm, a następnie, jak Kandyd Voltaire'a, na okropności wojny: na przykład jest świadkiem ataku, w którym ginie kilku przechodniów. Skonfrontowany z okrucieństwem wojny Younes wybiera w końcu stronę: choć nie pochwala metod działania fellagów, o wiele bardziej sprzeciwia się stanowisku Francji w kwestii niepodległości i często lekceważącemu zachowaniu pieds-noirs. Wybierając stronę, Younes udowadnia, że osiągnął ważny kamień milowy po długiej wewnętrznej podróży ku dojrzałości, ponieważ zanim wybrał stronę, musiał najpierw odnaleźć siebie i zdefiniować siebie w świecie, w którym określenie swojego miejsca wydawało się niemożliwe. Wyciąga też potężną lekcję życiową ze swojej daremnej miłości do Émilie i ostatecznie oświadcza: "Choć istnieją rzeczy poza naszym zrozumieniem, w przeważającej części jesteśmy architektami własnego nieszczęścia" (s. 263).

Za przewodnika można uznać postać Jelloula. Choć relacja między tymi dwoma bohaterami opiera się bardziej na antagonizmie niż na wsparciu, Jelloul spycha bohatera do narożnika i zmusza go do wyboru strony.

POSTAĆ POSZUKUJĄCA TOŻSAMOŚCI

Tożsamość głównego bohatera jest przez całą powieść rozmyta. Choć czytelnik niemal od razu orientuje się, że jest on synem Issy, jego imię zostaje ujawnione dopiero znacznie później. Kiedy przebywa wśród swoich, nazywa się Younes, ale staje się Jonasem, kiedy zostaje adoptowany przez społeczność pied-noir. Dzięki swej anielskiej twarzy, swym niebieskim oczom i nowemu imieniu, posiada wszystkie niezbędne atrybuty, aby być w stanie dopasować się do tego nowego sposobu życia. Czy jednak używanie innego imienia jest sposobem na okłamywanie innych i okłamywanie samego siebie? Isabelle Rucillio gani go z tego właśnie powodu, gdy odkrywa jego prawdziwą tożsamość: "Kłamca! [...] Masz na imię Younes, prawda? Younes? Więc dlaczego nazywasz siebie Jonasem?" (s. 118).

Od tego momentu zmienia swoje imię w zależności od ludzi, z którymi przebywa, ale także zmienia język i kulturę. Pewne osoby nazywają go Younesem z chęci zachowania autentyczności, ale innym przedstawia się tylko jako Jonas. Na przykład Mahi i Jelloul na przemian nazywają go Younesem lub Jonasem, w zależności od okoliczności. Używając jego imienia, przypominają mu, że nigdy nie powinien zapominać o swoim pochodzeniu.

Kiedy Younes osiąga wiek nastoletni, jego poszukiwania własnej tożsamości stają się jeszcze bardziej intensywne z powodu podwójnej tożsamości. Dużo rozmyśla: "Dlaczego zawsze czułem, że muszę wyrzeźbić dla siebie miejsce wśród moich przyjaciół?" (p. 266). Kilkakrotnie wraca do Jenane Jato, cofając się po śladach młodego chłopca, którym kiedyś był, aby odnaleźć drogę powrotną do rodziny i swoich korzeni. Kiedy jednak widzi swoją matkę, czuje się "zawstydzony jej chciwością, [...] zawstydzony głodem i bólem, który zniekształcił jej twarz" (s. 128). Czuje się zakłopotany, gdy stawia stopę w tym nędznym świecie, ponieważ jego własny styl życia uległ zmianie. Jest przyzwyczajony do wygody, wykształcenia, bezpieczeństwa i spokojnego życia, jakie oferuje mu społeczność pied-noir.

Dwoistość imion Younes i Jonas symbolizuje niemożność osiągnięcia prawdziwej równości i harmonii między pieds-noirs a rdzennymi mieszkańcami. Bohater, stojąc jedną nogą w każdym ze światów, jest rozdarty między społeczno-ścią, w której się urodził, a tą, do której został adoptowany. Niemniej jednak, gdy gniew ogarniający Algierię osiąga gorączkę, musi wybrać. Jelloul wielokrotnie stawia go w kącie, aż w końcu zostaje zmuszony do dokonania wyboru.

Dopiero pod koniec życia Younes wydaje się być w zgodzie z samym sobą. Osiągnął wewnętrzną równowagę, utrzymując przyjaźnie, rezygnując z niemożliwej miłości do Émilie, pozostając lojalnym wobec swojego kraju i narodu. Jonas zawsze pozostaje częścią niego, ale urodził się jako Younes i to jest to, kim zawsze będzie, przede wszystkim. Symbolicznie, choć jego tożsamość pozostaje dwuznaczna przez całą historię, w końcu poznajemy jego nazwisko na ostatniej stronie książki: "'Mahieddine Younes?' ,To ja'" (s. 391).

ALGIERIA KOLONIALNA I DĄŻENIE DO NIEPODLEGŁOŚCI

Khadra używa tej powieści, aby namalować obraz Algierii od lat 30. do 1962 roku, kiedy to ogłoszono niepodległość. W związku z tym wojna algierska nie jest głównym tematem całej powieści. Zanim wybuchnie wojna, pomruki niezadowolenia urastają do rangi ryku, kraj żuje "swój gniew jak gnijące mięso" (s. 83), a gniew wobec tych, którzy podporządkowali sobie Algierię, zaczyna wrzeć. Podczas lektury tej książki pojęcie algierskiego nacjonalizmu jest widoczne i zaraźliwe na długo przed 1954 rokiem. Poprzez postać Younesa, który daje czytelnikowi zniuansowany wgląd w oba oblicza kraju, kolonialna Algieria może być bardzo wyraźnie postrzegana jako wielokulturowe społeczeństwo, w którym skromne gospodarstwa domowe, nędzarze, bogaci właściciele ziemscy i rdzenni mieszkańcy żyją obok siebie, torując sobie drogę przez życie najlepiej jak potrafią. Nie jest to bynajmniej czarno-biały obraz świata, gdyż zarówno w najuboższych dzielnicach, jak i w najbogatszych można znaleźć zarówno życzliwe, jak i wrogie postacie.

Wujek Mahi uosabia pragnienie niezależności Algierii od rządów kolonialnych. Choć cieszy się wygodnym stylem życia, jest niezwykle intelektualnie zaangażowany w swój kraj. Żyje w społeczności pied-noir, ale nigdy nie zapomina, kim jest i skąd pochodzi. W związku z tym, z wielką dumą uczy Younesa historii swojej rodziny. Opowiada mu, że jego prababką była Lalla Fatma N'Soumer, która była tak ważną postacią w ruchu oporu przeciwko francuskim najeźdźcom, że nazywano ją czasem Joanną d'Arc Djurdżury. Mahi okazuje się być na swój sposób zaangażowany politycznie, poprzez wykłady, notatki i debaty na tajnych spotkaniach. Jest fanem pism Shakiba Arslana, które były publikowane w *La Nation Arabe*, gazecie, która była bardzo wpływowa wśród nacjonalistów. Przyjmuje również wizytę Messaliego Hadja i godzinami debatuje z nim oraz z innymi członkami frakcji niepodległościowej w Algierii. Mahi, choć zaangażowany politycznie, jest pacyfistą, a po tygodniu spędzonym w więzieniu za zorganizowanie tych spotkań postanawia, że nigdy nie chce powtórzyć tego doświadczenia. W miarę jak Algieria ucieka się do coraz bardziej brutalnych metod, by wywalczyć wolność, widzimy, jak zdrowie Mahiego zaczyna symbolicznie podupadać.

MIŁOŚĆ, KTÓREJ NIE MIAŁO BYĆ

Drogi Émilie i Jonasa krzyżują się wielokrotnie w ciągu ich życia, a każde z nich pozostawia na drugim trwałe wrażenie.

Ich pierwsze spotkanie ma miejsce w aptece, kiedy Émilie ma dziewięć lat. Jonas "mógłby pomylić ją z aniołem, gdyby nie to, że jej twarz, tak biała, że wyglądała jak marmur, nosiła wyraźne ślady jakiejś strasznej choroby" (s. 114). Émilie przychodzi do apteki w każdą środę przez kilka tygodni, aby poddać się leczeniu u Germaine'a, a Jonas zawsze w te dni wychodzi ze szkoły jak najwcześniej, aby ją zobaczyć. Pewnego dnia wsuwa różę między strony jej książki, gdy ciotka się nią zajmuje, ale wtedy Émilie znika.

Mija wiele lat, aż w końcu spotykają się ponownie na otwarciu restauracji André. Émilie dojrzała do bycia piękną młodą kobietą, a Jonas, Fabrice, Simon i Jean-Christophe są pod jej urokiem. Początkowo obdarza uczuciem Fabrice'a, aż do dnia, w którym odkrywa związek między Jonasem a młodym chłopcem, którego spotkała w aptece. Od tego momentu jej serce pada na Jonasa, ale on odrzuca wszystkie jej zaloty i unika jej, próbując zignorować swoje własne uczucia do niej.

Jonas i Émilie szukają się, kochają i odrzucają przez całe życie, nigdy nie dając swojej miłości szansy na rozkwit. Co sprawia, że ich miłość jest niemożliwa? Czy to strach Jonasa przed utratą przyjaciół? Obietnica, którą złożył Madame Cazenave, że będzie trzymał się z dala od jej córki? Strach przed byciem z Francuzką? Strach przed tym, co mogą powiedzieć inni? Jonas nigdy nie udziela odpowiedzi, nawet gdy Émilie błaga go o nią. W końcu to on jest architektem własnego nieszczęścia: nie mając odwagi działać, nie mając odwagi kochać, traci miłość swojego życia, a także najbliższych przyjaciół. Choć przez długi czas ukrywa się za obietnicą daną Madame Cazenave i lojalnością wobec przyjaciół, prawdziwym powodem jego postawy jest niezdolność do podjęcia wysiłku. W końcu po wielu latach decyduje się za nią pójść, ale jest już za późno: Émilie zbyt często była raniona przez jego ciągłe odrzucenia.

W końcu ich życie to nic innego jak seria niewykorzystanych szans. Émilie wyraża wszystkie swoje uczucia do niego zza grobu, zostawiając mu list, w którym pisze: "Czekałam na Ciebie dzień po naszym spotkaniu w Marsylii. Czekałam w tym samym miejscu. Czekałam na Ciebie następnego dnia i przez wszystkie kolejne dni" (s. 386).

Choć Jonas żeni się i ma dwoje dzieci, nie wydaje się to mieć większego znaczenia w jego życiu i nigdy nie przyćmiewa jego miłości do Émilie, gdyż w tekście jego żona jest wspomniana tylko krótko: "moja żona zmarła dziesięć lat temu. Mam jednego syna, który jest żonaty i mieszka w Tamarasset, i córkę, która jest profesorem na Uniwersytecie Concordia w Montrealu" (s. 391). Ich imiona nie są nawet podane, co sprawia wrażenie, że ta część jego życia jest zupełnie nieistotna.

DALSZA REFLEKSJA

KILKA PYTAŃ DO PRZEMYŚLENIA...

- Dlaczego ta książka może być uważana za powieść o dojrzewaniu? Uzasadnij swoją odpowiedź na przykładzie różnych przeszkód, które musiał pokonać bohater.

- Porównaj początkowe okoliczności, w jakich poznajemy Younesa, z jego sytuacją pod koniec powieści. Jak bardzo się rozwinął?

- Jakie podobieństwa można zauważyć między postacią Gandalfa z *Władcy Pierścieni* a postacią Jelloula?

- W jaki sposób wujek Mahi jest symbolem konfliktu w Algierii?

- Jakie powody motywują bohatera do poszukiwania własnej tożsamości?

- Jak kolonialną Algierię odzwierciedla dwoistość Younesa/ Jonasa?

- Jaki narracyjny punkt widzenia jest wykorzystywany? Co to oferuje czytelnikowi?

- Co sprawia, że miłość Émilie i Jonasa jest niemożliwa?

- "Nie porzucam cię, nie wypieram się ciebie; chcę po prostu, żebyś miał w życiu szansę" (s. 61). Wyjaśnij znaczenie tego, że Issa mówi to do syna.

- Wykorzystując fragmenty książki, zinterpretuj tytuł powieści.

DALSZE CZYTANIE

WYDANIE REFERENCYJNE

Khadra, Y. (2011) *What the Day Owes the Night*. Trans. Wynne,
   F. Londyn: Vintage.

BADANIA REFERENCYJNE

Rioux, J.P. (2010) *Histoire du monde de 1918 à nos jours*. Paris:
   Larousse.

ADAPTACJE

Co dzień zawdzięcza nocy. (2012) [Film]. Alexandre Arcady. Reż.
   Francja/Belgia: Wild Bunch.

Chcemy usłyszeć od Ciebie, co się dzieje!
Zostaw komentarz na temat swojej internetowej biblioteki
i podziel się swoimi ulubionymi książkami w mediach społecznościowych!

Wydawca zapewnia o wiarygodności publikowanych informacji, co jednak nie może wiązać się z jego odpowiedzialnością.

www.50minutes.com

Master ISBN: 9782808693981
Papierowy ISBN: 9782808615389
Depozyt prawny: D/2023/12603/1818

Verhaal: © Primento

Projekt cyfrowy: Primento, cyfrowy partner wydawców.